AS 30 ORAÇÕES MAIS PODEROSAS PARA O TRABALHO

AS **30 ORAÇÕES** MAIS PODEROSAS **PARA O TRABALHO**

— MARIKA DE MONTALBAN —

petra

Título original: *Les plus puissantes prières pour le travail*

CIP-BRASIL. CATALOGAÇÃO NA PUBLICAÇÃO
SINDICATO NACIONAL DOS EDITORES DE LIVROS, RJ

M763t Montalban, Marika de
As 30 orações mais poderosas para o trabalho / Marika de Montalban; tradução Larissa Helena. – 1. ed. – Rio de Janeiro: Petra, 2016.

Tradução de: Les 30 plus puissantes prières pour le travail
ISBN 978-85-827-8053-4

1. Orações – Cristianismo. I. Título.

CDD: 242.8
16-33405 CDU: 27-534.3

PETRA EDITORA
Rua Nova Jerusalém, 345 – Bonsucesso – 21042-235
Rio de Janeiro – RJ – Brasil
Tel.: (21) 3882-8200 – Fax: (21) 3882-8212/8313

Sumário

DIFICULDADES/ADVERSIDADES

INTRODUÇÃO

"A fé move montanhas!" É esta a mensagem universal que Cristo deixou como presente à humanidade; porém, como a humanidade por vezes fraqueja diante dessa confiança cega, os anjos e santos lhe concedem um reconfortante apoio ao atenderem nossas orações, que vêm sendo transmitidas de geração em geração.

Hoje em dia, é chegado o tempo de se restituir a cada ser humano esse dom que cada um de nós carrega consigo, latente nas prisões da dúvida e da falta de fé.

Esse dom precisa apenas ser desperto; basta se entregar a ele. O verdadeiro segredo se resume em uma palavra de **compaixão** por aquele que sofre (inclusive você mesmo), aquele com dificuldades, que não tem com o que se alimentar, se vestir, que necessita de um teto, de um trabalho remunerado.

Jesus nunca disse que era preciso ser miserável para ser digno Dele. Ele falava contra, sobretudo, o dinheiro obtido ilicitamente, o enriquecimento às custas dos outros. Cada um de nós tem o direito e o dever de trabalhar (honestamente) para prover suas próprias necessidades e as de sua família.

PREFÁCIO

As orações têm a mesma eficácia, quer na presença ou não da pessoa; muitas curas se realizam à distância, como, por exemplo, pelo telefone. A única diferença é de ordem psicológica, tanto para quem cura (sobretudo se for iniciante) quanto para o doente. Algumas orações funcionam maravilhosamente bem para uns e não para outros, sem que haja a menor explicação lógica. É assim: "Os caminhos de Deus permanecem impenetráveis e incompreensíveis para nós, pobres humanos!"

Maria é e continua sendo a "Mãe de Deus do Céu". Acrescentamos, portanto, ao fim das orações, "em nome de nossa Mãe de Deus, a rainha do Céu", ou simplesmente "em nome de nossa Mãe de Deus", pois ela se manteve muito perto da humanidade, e não requer nada além de poder nos ajudar, independentemente do quão pequeno seja o que lhe pedimos.

Nos Evangelhos, foi São José quem alimentou Jesus e sua Mãe ao trabalhar arduamente com as suas próprias mãos na profissão de carpinteiro. Assim, ele é o santo padroeiro do trabalho. Por isso, ele pode ser invocado com frequência.

Para garantir que o que estamos pedindo esteja realmente na Lei Divina, cada oração começa pela invocação chamada *Orações de abertura.*

Como convém igualmente "limpar o terreno" em si e em torno de si para que as orações possam intervir da forma mais eficiente possível, eliminando tudo o que nos impede de seguir em frente (inclusive magia, bruxaria, maldição...), acrescentamos o exorcismo de Santo Antônio de Pádua, considerado um dos mais poderosos do mundo.

Sem dúvidas é permitido fazer orações pelos outros — como, por exemplo, por crianças e pessoas doentes, inconscientes ou incapazes de tomar decisões por conta própria, ou simplesmente por quem lhe pedir orações —, mas é intolerável querer impor um estilo de vida a alguém, muitas vezes acompanhado por aquele orgulho insuportável que muitos têm, fazendo-os pensar que sabem mais do que qualquer um, o que é bom ou ruim para cada pessoa. Um número demasiado grande de pais procura fazer com que os filhos vivam o que eles mesmos não puderam (ou não souberam) realizar.

Portanto, acrescentamos a cada oração a expressão *Se Deus quiser!*

Reunimos também para você as orações mais poderosas e eficazes envolvendo tudo o que diz respeito à prosperidade, com frequência juntando-as aos "segredos" da cura e à invocação de diferentes santos e santas.

Resumindo: as orações também podem ser tão simples (e eficazes!) quanto um telefonema: basta encontrar o interlocutor certo. É por isso que pedimos a intervenção de todos lá em cima!

Mas para ser verdadeiramente eficaz, para que uma pessoa encontre o trabalho mais adequado para si e para o seu desenvolvimento pessoal, para que, uma vez nele, encontre sucesso, respeito de seus colegas e chefes, para que encontre em seu emprego satisfação e uma remuneração honesta, pode se provar necessário começar pelo começo: a vocação, a formação etc.

ORAÇÕES
GERAIS

Em todas as circunstâncias da vida, é extremamente proveitoso recorrer, o mais cedo possível (desde o nascimento de uma criança, idealmente), à proteção de seu anjo da guarda (todos temos um, designado por Deus para velar por nós), mas essa proteção se torna imensamente mais poderosa se estamos conscientes de sua presença, depositamos nele nossa confiança e o invocamos com a maior frequência possível e em todas as circunstâncias, inclusive para problemas "mundanamente" materiais.

O mesmo se dá no caso do santo ou santa cujo nome carregamos.

Uma vez que se tenha escolhido uma profissão, recomenda-se também colocar-se sob a proteção do santo padroeiro que a governa.

ORAÇÕES DE ABERTURA

Devem ser feitas sistematicamente antes de cada oração.

ORAÇÃO A DEUS

Meu Senhor e meu Deus,
Se for conforme a Vossa vontade e a Vossa justiça,
Se for benéfico para a Vossa criatura e sua evolução,
Se não prejudicar quem Vós não quiserdes,
Recebei a minha oração e ajudai-me!
Pelo Cristo, nosso Salvador,
Amém!

Faça, em seguida, o sinal da cruz. Então:

EXORCISMO DE SANTO ANTÔNIO DE PÁDUA

Aconselha-se fazê-lo uma vez para si mesmo e, se estiver fazendo a oração por alguém, na pessoa mesma, caso ela esteja presente, ou pensando intensamente nela.

... Mal, de onde quer que venhas, quem quer que sejas,

Eu te ordeno, em nome Daquele diante de quem tudo se ajoelha,

No Céu, na Terra e até no inferno,

Sai de (*dizer o nome da pessoa ou de si mesmo*),

Que é uma criatura de Deus.

Se vítima tu fores, sejas liberada para sempre, perdoada e protegida,

Se mau tu fores,

Vai embora: eu te expulso. Volta para o lugar de onde vieste e leva contigo o mal que fizeste.

Pela minha boca, Deus o ordena,

... Em nome do Pai Criador,

... Em nome do Cristo Redentor,

... Em nome do Espírito Santo Consolador,

... Em nome da Mãe de Deus, Rainha do Céu,

Amém!

... Eis a cruz do Senhor,
... Fugi, potências inimigas,
... O leão da tribo de Judá,
... O filho de Davi venceu,
... Aleluia! Aleluia! Aleluia!

Santo Antônio de Pádua, que expulsais os demônios, rogai por nós, para que nos tornemos dignos do perdão de Jesus Cristo!

Das armadilhas do demônio, grande Santo Antônio, livrai-nos,

E permiti que subjuguemos todo mal, para que nos tornemos dignos das promessas de Jesus Cristo, se Deus quiser.

Eu Vos rogo:

... Em nome do Pai Criador,
... Em nome do Cristo Redentor,
... Em nome do Espírito Santo Consolador,
... Em nome da Mãe de Deus, Rainha do Céu,
Amém!

ABENÇOAR O LOCAL DE TRABALHO

Quer sejamos comerciantes, artesãos ou autônomos, todo trabalho merece salários, benefícios, prosperidade.

O principal problema para um comerciante é a clientela; o de um agricultor, a abundância da colheita e de seu gado. Recomenda-se começar abençoando o local (o ideal é fazê-lo ao abrigo de olhares.)

O caso é o mesmo para todo local de trabalho, ainda que não passe de um pequeno escritório em casa ou de uma grande empresa, de uma garagem, um veículo, estábulos, um computador, telefones, cartões de visita, suportes de publicidade etc.

Oração de abertura + o exorcismo de Santo Antônio de Pádua. Depois:

Minha proteção está no nome do Senhor,
Que fez o céu e a terra!
Senhor, escutai a minha prece,
E chegue a Vós o meu clamor!
Que Vossa Luz e Vossos poderes divinos
Me auxiliem nesta bênção,
Para que ela seja também Vossa,
Se Deus quiser.

† Meu Deus, baixai, eu Vos peço, Vosso doce olhar sobre este local (*nomeá-lo, assim como sua atividade*) que virá a ser o ambiente de trabalho de (*nomear-se ou a outrem*), de maneira que este lugar venha a ser uma fonte de satisfação financeira e de trabalho bem-feito por esta pessoa e sua família.

† Que os exércitos celestiais, conduzidos pelo Arcanjo Miguel, nos auxiliem na purificação e bênção deste local, que toda alma errante seja liberta do que quer que as acorrente, a fim de que possa repousar em paz nas delícias celestiais.

† Que todas as presenças maléficas que se encontram aqui sejam expulsas para todo o sempre, junto com o mal que tiverem feito.

† Que tudo o que possa ser prejudicial a (*dizer o nome*) e à sua prosperidade seja eliminado.

† Que a honestidade reine sempre neste lugar, para a satisfação de todos.

† Que este local, todas as pessoas que aí trabalham, toda a clientela e todas as mercadorias estejam sempre protegidas de todo acidente e todas as catástrofes naturais ou provocadas por mãos humanas.

† Que todos os indesejáveis passem direto.

† Que os ladrões, os agressores, os maléficos, os malignos, os aproveitadores passem direto.

† Que os danosos e nocivos permaneçam distantes, pelo poder de Santa Gertrudes.

† Que entrem e tomem morada aqui, de agora em diante, o amor, a felicidade, a saúde, a prosperidade, a serenidade, a doçura e a alegria de viver.

† Que o Arcanjo Miguel e sua milícia celeste velem constantemente sobre este ambiente de trabalho, bem como sobre as pessoas que aqui atuam e todas as finanças.

† Que Deus, o Pai Criador, vele por este lugar.

† Que Jesus Cristo vele por este lugar.

† Que a Mãe de Deus, a Rainha do Céu, vele por este lugar.

† Que todos os anjos e arcanjos velem por este lugar.

† Que Santo Antônio de Pádua vele por este lugar.

† Que São Pedro de Verona vele por este lugar.

† Que São Roque vele por este lugar.

† Que Santa Gertrudes vele por este lugar.

† Que São (*nomear o santo padroeiro da profissão*) vele por este lugar.

† Que todos os santos e santas velem por este lugar.

Eu Vos rogo:

† Em nome do Pai Criador,
† Em nome de Cristo,
† Em nome do Espírito Santo,
† Em nome da Mãe de Deus,
Que assim seja!

DESEMPREGO

(Para libertar-se)

A demissão e o desemprego que se segue podem se tornar uma espiral infernal, na qual se sucedem depressões que acarretam fracassos e vice-versa.

São Honorato é o santo padroeiro dos padeiros e doceiros, mas também de todos aqueles que se veem sem emprego — decerto porque, tendo de celebrar a missa, ele se viu sem hóstias, isto é, "sem ferramentas de trabalho", e incapaz de realizar sua tarefa. Porém, mediante uma intervenção do Cristo, acabou por encher o cibório de hóstias consagradas. É por isso que podemos invocar São Honorato quando perdemos o emprego.

São Remígio viveu no século VI, na Gália: era conhecido por sua paciência (levara muito tempo para conseguir converter Clóvis) e por nunca se deixar desencorajar, o que faz dele o santo padroeiro dos que procuram emprego.

Oração de abertura + exorcismo de Santo Antônio de Pádua. Depois:

Meu Senhor e meu Deus, recorro a Vós diante da minha aflição: Vós, que abençoais a labuta cotidiana das nossas mãos, que a recompensais com um justo preço, eis-me desprovido(a) dessa tarefa e dessa honra.

Eis-me sem emprego, vergonha para mim e para a minha família, a qual eu não posso mais alimentar ou vestir.

Meu Senhor e meu Deus, fazei com que, por meio da intervenção dos Vossos anjos e dos Vossos santos (e, em especial, de São Honorato), eu arrume de novo e o mais rápido possível um emprego.

E vós, grande São Honorato, lembrai-vos da aflição pela qual passastes quando, prestes a celebrar a missa, não havia mais hóstias para as vossas ovelhas.

Lembrai-vos da vossa angústia apavorante, olhai a minha quando eu me desespero e me sinto terrivelmente humilhado(a) e abandonado(a).

Bondade de Deus: olhai por mim, auxiliai-me, ajudai-me a encontrar um bom emprego, se Deus quiser.

Faço apelo também a vós, grande São Remígio. Concedei-me um pouco de vossa paciência, de vossa força, de vossa confiança, de maneira que o desânimo não me anule na adversidade que atravesso. Ajudai-me a recuperar a esperança e um trabalho, se Deus quiser.

Eu Vos rogo:

† Em nome do Pai Criador,
† Em nome de Cristo,

† Em nome do Espírito Santo,
† Em nome da Mãe de Deus,
Que assim seja!

Ver também: ORIENTAÇÃO PROFISSIONAL

DINHEIRO/AUMENTO SALARIAL

(Para fazer o pedido)

Não há nenhum mal ou vergonha em pedir um aumento, mas quem não pede nada também nada obtém.

Santo Antônio de Pádua é aquele que vela por nosso conforto, sobretudo quando, com São Francisco de Assis, seu mentor, ajudou a Igreja a redistribuir suas riquezas.

Oração de abertura + exorcismo de Santo Antônio de Pádua. Depois:

Bendito sejas Tu, meu Deus, por seres infinitamente rico e ter feito do dinheiro um sinal da Tua abundância, visto que disseste: "A prata e o ouro me pertencem." És Tu que fazes o rico e o pobre, é de Ti que provêm a riqueza e a glória,

Deus, meu Pai, Tu prometeste que não me deixarias e não me abandonarias.

Tu és a fonte da minha riqueza, provês magnificamente às minhas necessidades, pois satisfazes todos aqueles que esperam em Ti. Tu lhes dás o alimento no tempo certo, abres a Tua mão e os sacias à vontade.

Por favor, meu Deus, dá-me o dinheiro e tudo o que me for necessário para viver sem preocupação e realizar a Tua vontade em minhas empreitadas.

Eu rogo:

† Em nome do Pai Criador,
† Em nome de Cristo,
† Em nome do Espírito Santo,
† Em nome da Mãe de Deus,
Que assim seja!

E tu, grande Santo Antônio de Pádua, tu que tudo vês, que tudo podes, vê qual é minha aflição neste mundo em que reina o dinheiro como mestre absoluto. Não peço fortunas, mas apenas o dinheiro necessário a meus projetos, o justo reconhecimento do meu valor, a recompensa por meu trabalho e meus esforços, respeitosamente diante de outros e em conformidade com as Leis Divinas, se Deus quiser.

Eu rogo:

† Em nome do Pai Criador,
† Em nome de Cristo,
† Em nome do Espírito Santo,
† Em nome da Mãe de Deus,
Que assim seja!

ESCOLHA DE UMA PROFISSÃO

São José é o santo padroeiro do trabalho por ter, com o duro labor de suas mãos como carpinteiro, conseguido alimentar Maria e Jesus.

Oração de abertura + exorcismo de Santo Antônio de Pádua. Depois:

Ó Deus infinitamente bom, que por meio de uma Providência inefável escolhestes São José como pai adotivo do Vosso Filho e casto esposo de Maria, concedei-nos a graça de ter como intercessor, junto a Vós no Céu, aquele que honramos continuamente como nosso advogado poderoso e nosso constante consolador e protetor.

É o que nós Vos pedimos por Nosso Senhor Jesus Cristo. Amém.

São José, rogai por nós nos perigos e nas desgraças, nos acontecimentos infelizes e imprevistos, na pobreza e no infortúnio, em nossas doenças e enfermidades e na hora da nossa morte. Mas, antes dela, ajudai-nos a encontrar e conservar um trabalho honroso, permitindo-nos viver honestamente e prover às necessidades da nossa família, se Deus quiser.

Nós rogamos:

† Em nome do Pai Criador,
† Em nome de Cristo,
† Em nome do Espírito Santo,
† Em nome da Mãe de Deus,
Que assim seja!

ESCOLHAS DE VIDA

(Para ser guiado)

A Virgem Maria está sempre à disposição para nos auxiliar em nosso cotidiano e nossas escolhas de vida. Ela pode interceder por nós junto a Deus e a Jesus, seu Filho, e também em união aos anjos e santos, sobre os quais ela reina.

Santo Antônio de Pádua é um dos santos mais populares. Após sua morte física em 13 de junho de 1231, certamente permanece perto da sofredora humanidade para nos ajudar em todas as circunstâncias da vida.

Oração de abertura + exorcismo de Santo Antônio de Pádua. Depois:

Santíssima Virgem Maria, tão pura e casta, que tivestes a honra de levar Jesus em vosso ventre, que o alimentastes de vosso seio, vós, que o criastes e que sempre o apoiastes, apesar das nuvens negras que se acumulavam em Seu horizonte, ajudai-me a fazer a melhor escolha para minha vida, para meus estudos, para meu trabalho, meus amigos e meus amores, a fim de que eu me torne digno de vosso divino Filho e Seu sacrifício por nossos pecados: que assim seja!

Faço apelo também a vós, grande Santo Antônio de Pádua, vós que tudo podeis, que expulsais os demônios, que nos ajudais a recuperar aquilo que havíamos perdido. Fazei com que eu não me perca no curso de minha vida, que ela seja como os grãos de ouro sobre os caminhos da Luz Divina.

Eu rogo:

† Em nome do Pai Criador,
† Em nome de Cristo,
† Em nome do Espírito Santo,
† Em nome da Mãe de Deus,
Que assim seja!

INTELIGÊNCIA

(Para pedi-la)

Oração de abertura + exorcismo de Santo Antônio de Pádua + Pai-nosso + Ave-maria. Depois:

Abri meus lábios, Senhor, e minha boca anunciará Vosso louvor.

Ó Deus, vinde em meu auxílio,

Senhor, socorrei-me sem demora!

† Glória ao Pai Criador,

† Glória ao Espírito Santo Consolador,

† Glória ao Cristo Redentor,

† Glória à Mãe de Deus, Rainha do Céu,

Como era no princípio, agora e sempre, e por todos os séculos dos séculos,

Que assim seja!

Por toda a eternidade, Jesus nos amou. Vinde, cheguemo-nos a Ele com confiança e exponhamos a Ele o motivo de nossa súplica:

Meu Senhor e meu Deus, eu Vos invoco porque jamais me decepcionastes. Faço o meu melhor, Senhor, mas não passo de um ser humano e minha inteligência é falível; mas espero em Vós, sei que me concedereis graça após graça e amplificareis minhas capacidades.

Senhor, fostes para nós um refúgio de geração em geração; antes que as montanhas houvessem sido criadas, éreis Deus.

Mil anos são para Vós como um dia para nós; a vida do homem não passa de um sopro; é como a erva que floresce pela manhã, que endurece ao meio-dia e seca à noite.

Assim, somos consumidos por Vosso furor, trazeis nossas faltas e nossas iniquidades em plena luz.

Nossa jornada passa e nossos anos se esgotam. Nossos dias estão contados, e eis que se adianta uma velhice miserável; nós Vos tememos! Ensinai-nos a reconhecer Vossa destra para que possamos ter um coração sábio. Convertei Vossos servidores, Senhor; dai-nos Vossa misericórdia, Senhor, e nós Vos exaltaremos a cada dia.

Dai-nos tantos anos de alegrias quanto houverem sido os de pesar; olhai com bom favor para Vossos servidores e Vossas obras e guiai-nos para a Vossa luz.

Que a luz do Senhor brilhe sobre nós; guiai as obras de nossas mãos.

Gloriosa Maria, Mãe de Deus e Rainha dos anjos, rogai por mim e por todos aqueles com quem estou unido em Deus, agora e na hora de nossa morte, se Deus quiser.

Nós Vos rogamos:

† Em nome do Pai Criador,
† Em nome do Espírito Santo Consolador,
† Em nome do Cristo Redentor,
† Em nome da Mãe de Deus, a Rainha do Céu,
Que assim seja!

NECESSIDADES MATERIAIS

Especialmente em nossos tempos, nunca se deve hesitar em pedir ajuda material, em particular aqueles que desejam montar a própria empresa.

Oração de abertura + exorcismo de Santo Antônio de Pádua. Depois:

Senhor, Vós sois meu pastor e, portanto, nada me faltará.

Vós me conduzireis aos ricos pastos e até fontes refrescantes, para a glória do Vosso Nome.

Estais comigo, Senhor, e por isso não temo mal algum, ainda que caminhasse ao lado da morte.

Colocareis diante de mim uma mesa, face a face com meus perseguidores; minha cabeça será perfumada com bálsamo precioso; minha taça transbordará.

Por todos os dias desta vida, Vossa misericórdia, Senhor, me acompanhará em todos os tempos e todos os lugares; e, por longos dias, minha morada será na Casa do Senhor.

Bendize o Senhor, ó minh'alma, bendito seja Seu Santo Nome! Jamais sejam esquecidas suas graças; é Ele quem perdoa e cura as enfermidades; é Ele quem resgata a vida e enche de misericórdias; é Ele quem sacia desejos e confere a força da águia.

O Senhor provê a justiça e a misericórdia aos oprimidos; Ele faz conhecidos Seus caminhos por Moisés, e Sua vontade aos filhos de Israel.

O Senhor é misericordioso e tarda em sua cólera; Sua cólera não é eterna; Ele não nos pune senão por nossas iniquidades.

Tão grande é Sua misericórdia quanto elevados são os céus!

Ele é misericordioso conosco como um pai tem misericórdia de seus filhos.

Porque ele sabe que somos pó; os dias do homem são como a flor dos campos: basta que passe um sopro para que não subsista nada.

Mas a misericórdia de Deus é eterna e Sua justiça alcança até os filhos de Seus filhos, destinada àqueles que observam Seu testamento e guardam Seus mandamentos.

O Senhor estabeleceu Seu trono nos Céus e reina sobre todos os lugares.

Anjos de Deus, bendizei o Senhor, vós que sois fortes e que O escutam; bendizei o Senhor e cumpri Suas vontades; bendizei o Senhor em Suas obras e por todos os seus domínios.

Minh'alma, bendizei ao Senhor.

Que o Senhor me abençoe e me cubra de graças.

Eu Vos rogo:

† Em nome do Pai Criador,
† Em nome de Cristo,
† Em nome do Espírito Santo,
† Em nome da Mãe de Deus,
Que assim seja!

Ver também: DINHEIRO

ORIENTAÇÃO PROFISSIONAL

A vocação é algo um tanto mais profundo do que a simples profissão: comporta uma dimensão espiritual, frequentemente associada a um fortíssimo desejo de auxiliar os outros; como no caso da profissão, é benéfico compreendê-la o mais cedo possível, desde a infância, para ao mesmo tempo orientar os estudos e permitir a Deus, aos anjos e santos que nos mostrem o caminho, de maneira a evitar os impasses que fazem com que se perca tempo e energia.

O Espírito Santo é o amor de Deus que está sempre perto de nós, a cada instante. Basta simplesmente que lhe confiemos nossas angústias.

† Minha proteção está no nome do Senhor,
† Que fez o céu e a terra!
† Senhor, ouvi minha oração,
† E chegue a vós o meu clamor!

Perdoai-me, Espírito de Doçura e de Misericórdia.

Perdoai-me, Senhor, por minhas infidelidades contínuas e a indigna cegueira que faz com que frequentemente eu Vos renegue, bem como aos mais doces e tocantes impulsos de Vossa Graça. Quero cessar de rebelar-me contra Vós e desejo, de agora em diante, seguir Vossas inspirações com tamanha docilidade que eu poderei saborear os frutos de Vossa Divina Presença e gozar das beatitudes que provocam Vossos dons em nossas almas.

Vinde, Espírito Santo, iluminar minha inteligência.

Vinde, Espírito Santo, iluminar meu julgamento.

Vinde, Espírito Santo, iluminar minh'alma.

Vinde, Espírito Santo, iluminar o meu ser inteiro com Vossa ofuscante luz.

Vinde, Espírito Santo, escutai, e atendei à minha súplica: (*fazer o pedido*).

Espírito Santo, que procede ao mesmo tempo do Pai e do Filho, vinde em mim e iluminai-me.

Espírito Santo, que sois igual ao Pai e ao Filho, vinde a mim e iluminai-me.

Espírito Santo, Luz Celeste, vinde a mim e iluminai-me.

Espírito do Pai e do Filho, amor eterno de um e do outro, vinde a mim e santificai-me.

Caridade ardente, vinde a mim e santificai-me.

Unção espiritual, vinde a mim e santificai-me.

Espírito de amor e de verdade, vinde a mim e santificai-me.

Espírito de sabedoria e de inteligência, vinde a mim e santificai-me.

Espírito de doçura e de paz, vinde a mim e santificai-me.

Espírito de modéstia e de pureza, vinde a mim e santificai-me.

Espírito consolador, vinde a mim e santificai-me.

Espírito Santo, gravai Vossa Lei em meu coração.

Espírito Santo, dissipai as trevas em torno de mim e tornai meu espírito apto a receber os murmúrios da inteligência Divina.

Espírito do Pai e do Filho, amor eterno de um e do outro, santificai-me e guiai-me pelos caminhos da luz.

Espírito Santo, que procedeis do Pai e do Filho, de um e do outro e de ambos em um só, guiai meus passos pelos caminhos de Cristo, na Luz Divina e no coração de Maria, a fim de que cada um de meus atos seja bendito, se Deus quiser.

Eu Vos rogo:

† Em nome do Pai Criador,
† Em nome de Cristo,
† Em nome do Espírito Santo,
† Em nome da Mãe de Deus,
Que assim seja!

PROTEÇÃO DE SEU ANJO DA GUARDA

Oração de abertura + exorcismo de Santo Antônio de Pádua. Depois:

Deus eterno e Todo-poderoso, que, por inefável desígnio de Vossa bondade, designastes a cada fiel, desde o seio de sua mãe, um anjo da guarda para o corpo e para a alma, concedei-me a graça de nutrir tanto respeito e amor pelo que me destinastes em Vossa misericórdia que, calcado na bondade de Vossa graça e com seu auxílio, eu seja enfim merecedor(a) de contemplar com ele e todos os outros anjos o brilho de Vossa glória no seio da Pátria Celeste.

Por Jesus Cristo, Vosso Filho, que convosco vive e reina na unidade do Espírito Santo, por todos os séculos dos séculos, que assim seja.

Eu te suplico, anjo ao qual por Deus fui confiado(a), guarda-me sem falta, ajuda-me e visita-me a cada instante, defende-me de cada violência e estratagema de Satanás e todos os demônios, quer eu vele ou durma, noite e dia e a cada instante, a toda hora e a todo momento, e, se eu não for digno(a) disso por meus méritos, que por tuas preces eu obtenha do mui misericordioso Senhor, que te assinalou como meu defensor e me recomendou a ti, que eu não possa nunca mais cair em perigo algum.

E quando me vires dirigir-me até o pecado e me desviar, queira, pelos caminhos da retidão, me levar de volta ao Redentor, em qualquer angústia em que me veja. Que eu sinta, por tua intercessão, tua ajuda e aquela do único verdadeiro Deus Onipotente.

Eu te peço, se for possível, que me dê a conhecer meu fim, e permita que eu me prepare; e quando minh'alma sair de meu corpo, não permita que eu seja atemorizado pelos demônios, nem que eu fracasse; não permita que eu seja lançado no fosso da desesperança e não me deixe antes de me ter conduzido até a Casa de meu Criador, onde poderei regozijar eternamente contigo e com todos os santos, se Deus quiser.

Anjo de Deus, tão paciente e tão caridoso, conduz minha vida nas trilhas de Deus, como eu te peço hoje, ilumina meu caminho a fim de que eu não caia nem em pecado nem em aflição. Guarda-me dos meus inimigos e de seus estratagemas, protege minh'alma, meu coração e meu corpo de tudo o que ofende ao Senhor e me afasta do Paraíso; faz com que toda a minha vida e todas as minhas ações sejam um exemplo, uma luz para os outros, um santuário como o quer Deus.

E, no dia de minha morte, conduzi-me com mão firme aos prados verdejantes, se Deus quiser.

Eu rogo:

† Em nome do Pai Criador,
† Em nome de Cristo,
† Em nome do Espírito Santo,
† Em nome da Mãe de Deus,
Que assim seja!

PROTEÇÃO DO SANTO OU SANTA DE QUEM TRAZ O NOME

Oração de abertura + exorcismo de Santo Antônio de Pádua. Depois:

Grande santo (ou grande santa) x... (falar o nome), cujo nome tenho a honra de levar, protegei-me, rogai por mim, a fim de que eu possa servir a Deus como a vós sobre a Terra, e glorificá-lo eternamente junto a vós no Céu!

Fazei-me conhecer a missão que Deus me confiou, ajudai-me a realizá-la a cada dia; preservai meu corpo, meu coração e minh'alma de tudo o que desagrada a Deus! Desviai meus passos dos caminhos de perdição, marchai diante de mim pelos caminhos de luz a fim de que eu honre vosso nome, pois ele é também o meu!

Velai por mim santo (ou santa) x..., rogai por mim, protegei-me, se Deus quiser!

Eu Vos rogo:

† Em nome do Pai Criador,
† Em nome de Cristo,
† Em nome do Espírito Santo,
† Em nome da Mãe de Deus,
Que assim seja!

RESULTADOS ESCOLARES

(para que sejam bons)

Esta oração deve ser recitada pelas próprias crianças ou estudantes, para demonstrar sua motivação, o que não quer dizer que não devam se esforçar!

Oração de abertura + exorcismo de Santo Antônio de Pádua. Depois:

Lembrai-vos, ó mui misericordiosa Virgem Maria: nunca se soube de alguém que tenha feito apelo a vossa proteção, implorado por vosso socorro, e pedido por vossa ajuda e tenha sido abandonado!

Com o ânimo dessa mesma confiança, corro a vós, ó Virgem mãe de todas as virgens; e gemo sob o peso de meus pecados, e me prostro aos vossos pés!

Ó Mãe do Verbo encarnado, não desdenhai das minhas preces, mas escutai com favor, e dignai-vos a atendê-las, se Deus quiser!

Nós vos rogamos:

† Em nome do Pai Criador,
† Em nome de Cristo,
† Em nome do Espírito Santo,
† Em nome da Mãe de Deus,
Que assim seja!

RIQUEZA/LUCRO

O termo "lucro", em geral, nos faz pensar nos profissionais liberais (artesãos, comerciantes, agricultores etc.). Subentende-se que, no final do mês sobre mais dinheiro do que foi gasto, o que tem grande significado para um operário ou para um trabalhador que precisa pagar as contas, o aluguel, os encargos, a alimentação. Por esse motivo, esta oração é adaptada a todos.

Ó Deus, vinde em meu auxílio!

Senhor, socorrei-me sem demora!

Glória ao Pai, ao Filho e ao Espírito Santo, como era no princípio, agora e sempre, por todos os séculos dos séculos,

Que assim seja. Aleluia!

Senhor, tende piedade de nós!

Cristo, tende piedade de nós!

Senhor, tende piedade de nós!

Pai nosso...

Que a Bem-aventurada Virgem Maria, Mãe de Deus e de todos os santos interceda por nós diante do Senhor.

Defendei-nos, Senhor, nós Vos suplicamos, de todos os perigos da alma e do corpo.

Que o socorro divino permaneça sempre ao nosso lado, que assim seja.

Que a prosperidade faça resplandecer nossos dias e nossas noites e encha nossos corações de gratidão, se for do agrado de Deus.

Nós Vos rogamos:

† Em nome do Pai Criador,
† Em nome de Cristo,
† Em nome do Espírito Santo,
† Em nome da Mãe Divina,
Que assim seja!

SUCESSO EM PROVAS E CONCURSOS

Oração de abertura + exorcismo de Santo Antônio de Pádua. Depois:

Senhor, ouvi minha oração,
E chegue até Vós o meu clamor!

Ó meu Deus, Vós amais as crianças, as protegeis de maneira especial; atendei-me, já que Vos invoco em favor de (*nomear a pessoa*) ou de mim (*falar o próprio nome*) para aprovação na prova (ou concurso) de (*indicar a finalidade*).

Talvez meu coração tenha cessado de ser inocente, talvez Satanás o tenha levado a praticar o mal e macular a beleza de sua alma! Mas Senhor, Vossas misericórdias são infinitas, e Vosso amor perdoa!

Purificai então essa alma, ó Deus de misericórdia; restaurai sua perfeita inocência!

Que Vossa bondade o(a) envolva ternamente, aumentando ao mesmo tempo sua inteligência; preenchei-o(a) com Vossa luz celestial, Senhor, a fim de que seu espírito compreenda e que sua memória se lembre! Ó, Jesus, tende piedade de nós.

Ó Maria, que dispensastes tantos cuidados ao Menino Jesus, rogai por nós.

Ó glorioso São José, fiel guardião e pai adotivo do Menino Jesus, rogai por nós.

† Em nome do Pai Criador,
† Em nome do Espírito Santo Consolador,
† Em nome do Cristo Redentor,
† Em nome da Mãe de Deus,
Que assim seja!

TRABALHO

(Para encontrar um)

Por ter trabalhado penosamente com suas mãos para alimentar Maria e Jesus, São José *é o santo padroeiro do trabalho honesto. É perfeitamente normal pedir por um salário justo.*

Oração de abertura + exorcismo de Santo Antônio de Pádua. Depois:

Que eu encontre consolação, ó amável e poderoso protetor do Nosso Senhor Jesus. É com verdadeira devoção que faço apelo a vós, glorioso São José, cujas mãos foram usadas a cada dia, ao curso de tantos anos, para o bem desse filho sagrado que Deus vos confiou.

É com total entrega que eu recorro a vós em minha angústia, ó digno esposo da Virgem Maria; eu me refugio a vossos pés e, tão pecador(a) que sou, ouso colocar-me diante de vós, gemendo e implorando por vossa ajuda para encontrar um bom trabalho.

Não rejeiteis minha humilde oração, ó vós que levastes o glorioso nome de pai de Jesus; mas escutai-a com bom favor e intercedei por mim junto daquele que quis ser chamado vosso filho e que sempre vos honrou como seu pai. Que assim seja.

São José, eu vos dirijo minha oração com toda a confiança para obter de vós que vos digneis a levá-la aos pés de nosso Divino Senhor, vosso filho tão amado. Eu não solicito as riquezas originadas da desonestidade, o roubo, as iniquidades, mas apenas o justo salário de meu trabalho cotidiano, de maneira que eu possa custear confortavelmente minhas necessidades e as de minha família.

Vede este mundo em que vivo, grande São José, onde aquele que não tem emprego é desprezado, tratado como indolente; sua família se afasta dele e sua humilhação pesa em seu rosto. Ele afunda na depressão! Que empregador quererá saber dele?

Ele teme o hoje e mais ainda o amanhã.

Ele teme a pobreza.

Ele teme o fracasso e o desprezo.

Ele precisa recomeçar, com poeira no rosto e a angústia nas entranhas.

Ele precisa de vós, glorioso pai adotivo de nosso doce Senhor, e vós não o abandonareis.

Glorioso São José, terno pai de Nosso Salvador, rogai por mim diante de todo perigo, todo mal, todo evento malogrado e imprevisto, na pobreza e no infortúnio, nas doenças e enfermidades; sede para mim também um pai amoroso e sábio, assisti-me em minhas escolhas de vida e de trabalho, de maneira que, tendo encontrado meu lugar certo no mundo, eu possa viver e trabalhar com alegria para dar ao Criador graças sobre graças. São

José, protegei-me, aconselhai-me, assisti-me em minhas escolhas, desmantelando as armadilhas e as falsas veredas de meu caminho, se Deus quiser.

Eu rogo:

† Em nome do Pai Criador,
† Em nome de Cristo,
† Em nome do Espírito Santo,
† Em nome da Mãe Divina,
Que assim seja!

DIFICULDADES/ ADVERSIDADES

Para um número cada vez maior de pessoas, o mundo do trabalho se transforma num inferno: para aqueles que são os próprios patrões (agricultores, artesãos, comerciantes, profissionais liberais etc.), trata-se do percurso de um combatente em meio a encargos, processos, a "papeladas" e à administração, e isso sem falar nas leis.

Para os que estão empregados, além dos ciúmes dos colegas, das calúnias, das vis manobras para subir na hierarquia e tomar o lugar de outro, é preciso a cada dia mais acrescentar à conta o desprezo, os maus-tratos e mesmo a perseguição dos chefes, sejam importantes ou não.

Não é admissível permitir que o tratem pior do que uma cadeira, e há orações muito eficazes para pedir a graça de se proteger contra essas malícias.

Costuma-se recomendar ter sempre consigo uma medalha de São Bento, se possível benzida por um padre.

ASSÉDIO/MAUS-TRATOS

A sutileza, infelizmente, é hoje pouco evidente: o certo é que os seres humanos são cada vez menos tratados como tais, particularmente por seus colegas e superiores em hierarquia no trabalho.

O Padre Jacques-Désiré Laval atuou como missionário nas Ilhas Maurício no século XIX; por toda a sua vida, ele combateu a escravidão e os maus-tratos infligidos aos habitantes da ilha pelos colonos brancos.

São Porciano viveu no século VI na região da Auvérnia (uma cidade, Saint-Pourçain-sur-Sioule, leva seu nome) como escravo e salvou seu senhorio da cegueira, o que lhe rendeu a liberdade (devolver a visão é uma bela imagem simbólica!).

Recorro a vós, Padre Laval, doce missionário dos negros maltratados e reduzidos a escravos pelos colonos: que olhar podeis lançar sobre nosso mundo? Vós o encontrais mudado quando os lobos continuam voltando dentes tão duros e a boca cruel contra os cordeiros que nosso Senhor tanto ama?

Desde os Céus, onde residis em meio aos justos, nós vos suplicamos que lanceis um olhar compassivo sobre nós, pobres ovelhas miseráveis, humilhadas, brutalizadas por palavras e ações: rogai por nós, protegei-nos, livrai-nos deste mal, se Deus quiser.

Nós rogamos:

† Em nome do Pai Criador,
† Em nome de Cristo,
† Em nome do Espírito Santo,
† Em nome da Mãe de Deus,
Que assim seja!

Recorro também a vós, glorioso São Porciano, escravizado e maltratado por seu senhorio, que tivestes no coração amor suficiente para lhe recobrar a visão, graças ao que ele conseguiu enfim enxergar a crueldade de vossa condição miserável.

Não há mais escravos em nosso mundo, dizem os textos escritos por homens de boa vontade, mas, dos Céus onde vos assentais em meio aos Justos, vede com clareza, São Porciano, que há inúmeros senhores que usam diferentes nomes: assédio, maus-tratos, crueldade, humilhação, chantagem profissional, escravização de corpos e almas. Escravidão disfarçada e hipócrita!

Em nome de nosso doce Senhor e Deus, eu vos invoco, Bem-aventurado Padre Laval, e a vós, São Porciano, se for possível, abri os olhos e os corações de meus torturadores, tende piedade de mim, a quem tratam pior que a uma cadeira. Rogai por mim e desse assédio livrai-me, se Deus quiser.

Eu rogo:

† Em nome do Pai Criador,
† Em nome de Cristo,
† Em nome do Espírito Santo,
† Em nome da Mãe de Deus,
Que assim seja!

CAUSAS DIFÍCEIS/DESESPERADAS

Quando pensamos que tudo está perdido...

Santa Rita é mundialmente conhecida por intervir com eficácia pelas causas impossíveis.

Ela nasceu na Itália, no século XIV, e foi casada com um homem extremamente violento: após a morte dele, retirou-se para um convento, onde recebeu os estigmas da coroa de espinhos do Cristo, tão excessivamente pestilentos que ela precisou se colocar à parte da comunidade, sem porém deixar de cuidar dos doentes.

São Judas (cujo verdadeiro nome era Judas Tadeu) foi um apóstolo amigo de Simão, o Zelote; algumas de suas relíquias estão guardadas na Basílica de Saint-Sernin, em Toulouse.

Senhor Jesus, que permitistes a Santa Rita distribuir inúmeras caridades, unimo-nos a ela para cantar os Vossos louvores, Vos bendizer e merecer a Vossa proteção especial.

Ó bem-aventurada Santa Rita, recomendamo-nos à vossa proteção especial; obtende-nos, pela vossa intercessão, o auxílio da vossa graça.

Nós vos suplicamos por Nosso Senhor Jesus Cristo. Amém.

Santa Rita, maravilhosa padroeira das causas desesperadas, rogai por nós, socorrei-nos, prestai-nos auxílio, se Deus quiser.

Concedei, Senhor, a Vossos fiéis servidores uma firmeza inabalável na fé, para que, em honra da memória de Vosso apóstolo São Judas, obtenham, por sua intercessão, a graça de alcançar o Reino dos Céus com paz no coração; que seja, para todos aqueles que o invocam e a ele se recomendam, um poderoso advogado, um porto seguro imediato e um braço eficaz na adversidade, por Nosso Senhor Jesus Cristo, que assim seja.

E vós, São Judas, fiel em meio aos primeiros fiéis, vós que jamais invocamos em vão mesmo nos piores momentos de nossa vida, faço apelo também a vós nas terríveis provações que torturam meu coração e alma, persuadido(a) de que minhas preces não terão sido feitas em vão; rogai por nós, socorrei-nos, protegei-nos, se Deus quiser.

Eu rogo:

† Em nome do Pai Criador,
† Em nome de Cristo,
† Em nome do Espírito Santo,
† Em nome da Mãe de Deus,
Que assim seja!

Ver também: CAUSAS URGENTES

CAUSAS URGENTES

As causas urgentes às vezes são desesperadas e vice-versa; recomenda-se fazer ambas as orações.

Santo Expedito é famoso pela velocidade de sua intervenção. Ele é o santo padroeiro das causas urgentes, mas também da juventude.

Santo Expedito foi legionário romano e esteve no comando de mil cristãos da Armênia; convertido ao cristianismo, recusou-se a renegar sua fé, e por isso foi flagelado e, em seguida, decapitado.

Meu Deus, meu Deus, vinde em meu auxílio! Senhor, socorrei-me sem demora!

Meu Senhor e meu Deus, não me abandoneis em meio à tormenta.

Santo Expedito, que tudo perdestes para ganhar Jesus Cristo, rogai por mim.

Santo Expedito, que gloriosamente perecestes sob a espada, rogai por mim.

Santo Expedito, que recebestes do Senhor a coroa de justiça que Ele prometeu àqueles que o amam, rogai por mim.

Santo Expedito, padroeiro da juventude, rogai por mim.

Santo Expedito, socorro dos estudantes, rogai por mim.

Santo Expedito, modelo para os soldados, rogai por mim.

Santo Expedito, protetor dos viajantes, rogai por mim.

Santo Expedito, advogado dos pecadores, rogai por mim.

Santo Expedito, salvação dos enfermos, rogai por mim.

Santo Expedito, consolador dos aflitos, rogai por mim.

Santo Expedito, mediador de processos, rogai por mim.

Santo Expedito, nosso socorro nos assuntos urgentes, rogai por mim.

Santo Expedito, sustento fiel para todos aqueles que esperam em vós, rogai por mim.

Santo Expedito, eu vos suplico, não deixeis para amanhã aquilo que podeis fazer hoje, vinde em meu socorro.

Cordeiro de Deus, que tirais os pecados do mundo, atendei-me, Senhor.

Cordeiro de Deus, que tirais os pecados do mundo, tende piedade de mim, Senhor.

Jesus, escutai-me.

Jesus, atendei-me.

Senhor, atendei minha prece, e que meu clamor chegue até Vós.

Nós Vos rogamos, Senhor, que inspireis com sua graça todos os nossos pensamentos e nossas ações, a fim de que encontrem em Vós seu princípio e sejam, pela intercessão de Santo Expedito, com coragem, fidelidade e prontidão em tempo próprio e favorável, levados a cabo de boa e feliz maneira por Nosso Senhor Jesus Cristo.

Ó grande Santo Expedito, diante dessa urgente necessidade, me volto em vossa direção; espero tudo de vossa intercessão, eu vos suplico que me dê proteção, socorro e assistência, se Deus quiser

Eu rogo:

† Em nome do Pai Criador,
† Em nome de Cristo,
† Em nome do Espírito Santo,
† Em nome da Mãe de Deus,
Que assim seja!

DEPRESSÃO/DESESPERO

Se a depressão pode ser o resultado do desespero (mas não apenas dele), este pode destruir uma vida de inúmeras maneiras.

Eis, infelizmente, um tema atual, quer se trate de adultos, adolescentes ou crianças; é preciso se proteger ao máximo dessas angústias no trabalho (e em outros lugares) e não hesitar em falar a respeito aos que o cercam: família, médicos, colegas, fiscais do trabalho etc.

Santa Maria Bartolomea viveu no século XVI; seu pai a prometeu em casamento apesar de ela querer se consagrar a Deus, e o horror desencadeou nela terríveis tremores, febres, asfixias, crises de angústia; charlatães lhe aplicaram emplastros que a esfolaram viva. Ela assim viveu quarenta anos em profundo sofrimento, mas todos os dias cuidava dos mais pobres.

Nossa Senhora das Mercês possui devotos principalmente em Barcelona, onde apareceu em 1218 pedindo boa vontade para a libertação dos escravos cristãos em países muçulmanos. Podemos sempre clamar por sua ajuda.

Meu Senhor e meu Deus, apelo a Vós em minha angústia: me perseguem, Senhor, e minh'alma afunda nas trevas e no desespero. Deixaríeis que meus inimigos me tragassem e me separassem de Vossas delícias? Em nome de Vosso Filho Bem-amado, espero em Vós e em Vossa bondade. Libertai-me, Senhor, e cantarei Vossos louvores.

Faço apelo também a vós, doce Nossa Senhora das Mercês, que não hesitastes em vos manifestar em Barcelona para socorrer os prisioneiros cristãos, lançai um olhar compassivo sobre mim: sou prisioneiro(a) do desespero que aos poucos me invade e me conduz à depressão, ou pior!

Rogai por mim, Nossa Senhora das Mercês, ajudai-me, assisti-me, se Deus quiser.

Eu rogo:

† Em nome do Pai Criador,
† Em nome de Cristo,
† Em nome do Espírito Santo,
† Em nome da Mãe de Deus,
Que assim seja!

Meu Deus, que permitiste à Bem-aventurada Maria Bartolomea que se refugiasse nas febres e na doença para escapar a um casamento forçado, fazei com que, por seus méritos e sua intercessão diante de Vós, nós escapemos de nossos terrores e angústias de maneira que possamos bendizer-Vos e amar-Vos a cada dia e cada noite que permitis que vivamos.

Por Nosso Senhor Jesus Cristo; que assim seja!

Bem-aventurada Santa Maria Bartolomea, que preferistes a doença à corrupção, rogai por nós, indignos que somos. Vinde em nosso socorro e livrai-nos de nossos terrores e nossas angústias, se Deus quiser.

Nós rogamos:

† Em nome do Pai Criador,
† Em nome de Cristo,
† Em nome do Espírito Santo,
† Em nome da Mãe de Deus,
Que assim seja!

DIFAMAÇÃO/RUMORES

São Brício era o protegido de São Martinho, que o ordenou apesar de sua índole terrível: ele sucedeu seu mentor, mas seu rebanho o odiava, e as calúnias, a desconfiança e as perseguições o obrigaram a deixar Tours, aonde só retornou muito mais tarde, livre de qualquer suspeita e com fama de santidade.

São Brício, nós vos dirigimos esta prece com fé e confiança, sabendo que, em vossa grande bondade, quisestes sempre dar apoio à nossa oração junto a Deus Nosso Pai.

São Brício, nós vos pedimos que interrompais os trajetos das línguas malignas, que as façais apodrecer e cair ao chão ressecadas e para sempre mudas. E que todos os seus efeitos maléficos se voltem contra elas!

Senhor, fonte de vida,

Pela manhã, atendei-me.

Pois desde a manhã, diante de Vós,

Imploro por tua graça infinita,

Confio-me a Vós!

Nem os orgulhosos, nem os imprudentes ousarão colocar-se diante de Vossos olhos.

A Vós serão sempre odiosos

aqueles cuja prática é ordinária, difamadora e injusta.

São Brício, a vós pedimos que traveis a língua dos ímpios, dos maus e dos caluniadores. Rogai por nós, protegei-nos e de suas calúnias, defendei-nos, se Deus quiser.

Nós rogamos:

† Em nome do Pai Criador,
† Em nome de Cristo,
† Em nome do Espírito Santo,
† Em nome da Mãe de Deus,
Que assim seja!

DÍVIDAS

(Para se livrar delas)

Trata-se de um círculo vicioso que cresce com rapidez; mas é possível libertar-se.

São Bento é especialmente famoso por ter fundado a Ordem Beneditina no século VI, valendo-se de uma disciplina muito rígida, segundo a qual os monges trabalhavam nos campos e nas hortas para serem autossuficientes. Reputado por guardar os cemitérios e por nos proteger do mal, ele ajuda a nos libertarmos de todos os nossos males, inclusive do endividamento.

São Senoque foi abade em Turena no século VI. Ele usava as ofertas dos fiéis para comprar a liberdade de escravos.

Santo Ivo pode ajudar eficientemente, uma vez que é o santo padroeiro dos homens da lei (advogados, oficiais de justiça etc.). Ele viveu na Bretanha, França, e dedicou seus talentos de jurista ao auxílio dos mais vulneráveis.

Meu Senhor e meu Deus, vede Vossa pobre criatura em aflição: como aconteceu, não saberia dizer, mas Vós tudo vedes, ó meu Deus, e sabeis em que confusão me encontro e qual o meu desespero.

Enviai-me Vossos anjos e Vossos santos, em nome do Nosso Senhor Jesus Cristo, Vosso Filho Bem-amado, que assim seja.

Apelo também a vós, grande São Bento, para quando o dinheiro transforma-se num demônio, e a falta dele, uma chaga aberta e desesperadora.

Volto-me ainda a vós, São Senoque. Vós, que vivestes em grande pobreza, preferindo comprar dos senhores a liberdade de escravos, libertai-me desta odiosa escravidão do dinheiro e das dívidas. Rogai por mim, assisti-me, livrai-me, se Deus quiser.

Em meu socorro, também, Santo Ivo, vós que ajudais os mais fracos com vossos sensatos conselhos, rogai por mim, aconselhai-me, protegei-me, se Deus quiser.

Eu rogo:

† Em nome do Pai Criador,
† Em nome de Cristo,
† Em nome do Espírito Santo,
† Em nome da Mãe de Deus,
Que assim seja!

ENTREVISTA DE EMPREGO

O mais importante não é ter aquele trabalho que você ambiciona, mas, acima de tudo, encontrar a adequação perfeita entre as suas capacidades e o cargo. Também é preciso levar em conta a sua evolução dentro da empresa, a harmonia ou desarmonia entre os colegas. É por isso que esta oração leva em consideração todo o contexto e pode evitar as perdas de tempo que ocorreriam, por exemplo, se você fizesse uma má escolha.

Santo Expedito é famoso por interceder muito rapidamente. Ele é tanto o santo padroeiro das causas urgentes quanto o santo padroeiro da juventude.

Expedito era um legionário romano que chefiou seis mil cristãos da Armênia. Convertido ao cristianismo, ele se recusou a abjurar sua fé e, por isso, foi flagelado e depois decapitado.

Oração de abertura + exorcismo de Santo Antônio de Pádua. Depois:

Senhor, tende piedade de mim.
Jesus Cristo, tende piedade de mim.
Senhor, tende piedade de mim.
Jesus Cristo, ouvi-me.

Jesus Cristo, atendei-me.

Pai Celeste, que sois Deus, tende piedade de mim.

Deus Filho, Redentor do mundo, tende piedade de mim.

Deus Espírito Santo, que sois Deus, tende piedade de mim.

Santa Trindade, que sois um único Deus, tende piedade de mim.

Santa Maria, Rainha dos mártires, rogai por mim.

Santo Expedito, invencível atleta da fé, rogai por mim.

Santo Expedito, fiel até a morte, rogai por mim.

Santo Expedito, que tudo perdestes para ganhar Jesus Cristo, rogai por mim.

Santo Expedito, que sofrestes os golpes da chibata até sangrar, rogai por mim.

Santo Expedito, que perecestes gloriosamente pela espada, rogai por mim.

Santo Expedito, que recebestes do Senhor a coroa de justiça que Ele prometeu aos que O amam, rogai por mim.

Santo Expedito, patrono da juventude, rogai por mim.

Santo Expedito, auxílio dos estudantes, rogai por mim.

Santo Expedito, modelo dos soldados, rogai por mim.

Santo Expedito, protetor dos viajantes, rogai por mim.

Santo Expedito, advogado dos pecadores, rogai por mim.

Santo Expedito, salvação dos doentes, rogai por mim.

Santo Expedito, consolador dos aflitos, rogai por mim.

Santo Expedito, mediador dos pleitos, rogai por mim.

Santo Expedito, nosso socorro nas questões urgentes, rogai por mim.

Santo Expedito, sustentáculo fidelíssimo de todos os que esperam em vós, rogai por mim.

Santo Expedito, eu vos suplico, não deixeis para o dia seguinte o que podeis fazer hoje, vinde em meu auxílio.

Cordeiro de Deus, que tirais os pecados do mundo, atendei-me, Senhor.

Cordeiro de Deus, que tirais os pecados do mundo, tende piedade de mim, Senhor.

Jesus, ouvi-me.

Jesus, atendei-me.

Senhor, atendei às minhas preces, e que o meu coração se eleve até Vós!

Nós Vos suplicamos, Senhor, que inspireis com a Vossa graça todos os nossos pensamentos e ações, para que encontrem em Vós seu princípio e sejam, pela intercessão de Santo Expedito, levados com coragem, fidelidade e prontidão, em tempo próprio e favorável, a bom e ditoso fim, por Nosso Senhor Jesus Cristo.

Ó grande Santo Expedito, diante desta necessidade urgente, eu me dirijo a vós. Coloco todas as minhas esperanças na vossa intercessão. Eu vos imploro: protegei-me, socorrei-me e amparai-me, se Deus quiser.

Ver também: ÊXITO EM PROVAS

ESTRESSE

Ver: DEPRESSÃO

PERSEGUIÇÃO

Santa Agostinha (de sobrenome Lívia) viveu no século XIX na Itália; cuidava de enfermos no hospital, mas os doentes zombavam dela e de sua religiosidade, a insultavam e perseguiam; um deles a apunhalou, mas até seu último suspiro ela rezou por esse homem.

Oração de abertura + exorcismo de Santo Antônio de Pádua. Depois:

Minha esperança está em Vós, Senhor: fazei-me justiça, pois caminho em inocência e nada poderá me abalar.

Sondai minh'alma, Senhor, provai-me e submetei meu coração ao crivo de Vosso julgamento; pois a Vossa verdade e Vossa misericórdia caminham sempre à minha frente. Não me misturo aos homens enganadores, nem àqueles que praticam a iniquidade.

Eu abomino aqueles que fazem o mal e meu lugar não é em meio aos ímpios.

Lavo minhas mãos em meio aos justos e guardarei Vosso altar, Senhor, a fim de que eu possa cantar Vossas maravilhas e Vossos louvores.

Eu amo, Senhor, Vossa morada e Vossa glória!

Ó Senhor, não mistureis minh'alma com as dos ímpios, nem minha vida com a dos homens sanguinários, que têm o crime na mão esquerda, a direita repleta de presentes e a boca cheia de enganos.

Caminho na inocência, Senhor, livrai-me e tende piedade de mim.

Meus pés caminham no justo sentido, e bendirei o Senhor nas assembleias!

Senhor, escutai minhas preces e minhas súplicas de acordo com a Vossa verdade: atendei-me de acordo com a Vossa justiça.

Não entreis em julgamento com Vosso servo(a), pois não há homem vivo que seja justo diante de Vós.

Meus inimigos querem mal a minha vida: têm-me humilhado sobre a terra, colocaram-me nas sombras, como fazem com os que estão mortos.

Meu espírito está ansioso e meu coração, conturbado; rememoro os dias de outrora e medito sobre as obras realizadas por Vossa mão.

Estendo a Vós minhas mãos suplicantes e, como uma terra árida, minh'alma suspira por Vós.

Apressai-Vos em atender-me, Senhor, pois meu espírito desfalece.

Não virai Vosso rosto, pois eu seria como os que descem à cova.

Dai-me Vossa misericórdia, pois espero em Vós.

Mostrai-me o caminho por onde devo andar, pois minh'alma se eleva a Vós.

Livrai-me de meus inimigos, Senhor!

Farei segundo a Vossa vontade, pois Vós sois meu Deus, e que o Vosso bom Espírito me conduza pelas terras corretas.

Por meio de Vosso Nome e de Vossa equidade, Senhor, me regenerastes a vida: resgatai minh'alma das tribulações.

Em Vossa misericórdia fizestes com que meus inimigos se perdessem nos meandros do próprio ódio, fizestes morrer de vergonha aqueles que me perseguem; aquecereis seus corações de gelo e iluminareis suas almas cruéis, pois assim saberão que sois o doce Senhor de Misericórdia e o Deus Supremo.

Eu rogo:

† Em nome do Pai Criador,
† Em nome de Cristo,
† Em nome do Espírito Santo,
† Em nome da Mãe de Deus,
Que assim seja!

E vós, doce Santa Agostinha, tão pronta a perdoar as grosserias dos miseráveis de que cuidais com tanta devoção, ajudai-me a tornar-me tão generoso(a) para com aqueles que me machucam em palavras e ações. Fortificai minha fé, ajudai-me, mas, se possível, preservai-me de suas violências, se Deus quiser.

Eu rogo:

† Em nome do Pai Criador,
† Em nome de Cristo,
† Em nome do Espírito Santo,
† Em nome da Mãe de Deus,
Que assim seja!

PROCESSOS ADMINISTRATIVOS

Não são apenas complicados: com frequência, tornam-se uma verdadeira corrida de obstáculos.

Por ter sido um coletor de impostos, que, além disso, trabalhava para os invasores romanos, é ao apóstolo São Mateus que convém pedir ajuda.

Meu Senhor e meu Deus, apelo a Vós em minha angústia: não é que me falte a inteligência, pois bem dela me dotastes, mas todos estes documentos são tão complicados que perco a esperança e a paciência.

Confiai-me ao apóstolo São Mateus, pois foi esta sua profissão. Ele saberá o que fazer.

E vós, São Mateus, que soubestes a um único olhar e uma única palavra de Jesus abandonar uma vida indigna para segui-lo pelos caminhos da fé, vós, o publicano que em vosso tempo conhecia tudo sobre a administração de vosso país, dai-me a compreensão que me escapa e me atormenta diante de todos essas papeladas administrativas, sede meu intermediário e meu intérprete junto aos funcionários responsáveis, de maneira que eles me simplifiquem a vida no lugar de ma complicarem. Ajudai-me, assisti-me, se Deus quiser.

Eu rogo:

† Em nome do Pai Criador,
† Em nome de Cristo,
† Em nome do Espírito Santo,
† Em nome da Mãe de Deus,
Que assim seja!

PROCESSOS LEGAIS

(Para evitar ou ganhar um)

Infelizmente virou moeda corrente, mas é possível resguardar-se.

Oração de abertura + exorcismo de Santo Antônio de Pádua. Depois:

† O maligno faz o mal,
Cava sua sepultura sob seus pés,
E no fim cai dentro do túmulo que cavou.
Quanto a mim, meu escudo está em Deus,

Pois Deus é um juiz justo, que salva aqueles que marcou com o selo do batismo e todos os que têm o coração reto para recorrer a Ele.

Louvo meu Senhor e meu Deus por Sua justiça e canto minha confiança ao Deus eterno e justo!

Eu rogo:

† Em nome do Pai Criador,
† Em nome de Cristo,
† Em nome do Espírito Santo,
† Em nome da Mãe de Deus,
Que assim seja!

PROFISSÃO

(Mudar de)

Não há nada pior do que não poder estar à vontade em sua profissão (ou empresa), e não se deve hesitar em pedir orientação para mudá-la, mesmo nestes tempos difíceis.

São Mateus é um maravilhoso exemplo daquele que muda completamente de vida: coletor de impostos para os romanos, ele encontra Jesus e se torna um de Seus apóstolos.

Oração de abertura + exorcismo de Santo Antônio de Pádua. Depois:

Meu Senhor e meu Deus, sei que, apesar de todos os meus pecados e todos os meus erros, quereis velar por mim como um Pai indulgente e generoso: vede o quanto sofro em meu corpo, meu coração e minh'alma por não poder florescer em meu trabalho, o quanto é possível que eu tenha feito uma má escolha e quanto sofrimento isso me causa!

Permiti que eu me afaste desse falso caminho, enviai-me Vossos anjos e Vossos santos para me guiar e me assistir até um emprego em que eu encontre satisfação!

E vós, São Mateus, que a um só olhar e uma só palavra de Jesus abandonastes uma vida indigna para segui-Lo pelos caminhos da fé, dai-me a coragem de deixar este emprego que me mina, ajudai-me a encontrar aquele que me convém e a obtê-lo; assisti-me, se Deus quiser.

Eu rogo:

† Em nome do Pai Criador,
† Em nome de Cristo,
† Em nome do Espírito Santo,
† Em nome da Mãe de Deus,
Que assim seja!

PROSPERIDADE

(Para proteger-se da privação)

Jesus nunca quis dizer que era preciso ser materialmente pobre para honrar a Deus.

Oração de abertura + exorcismo de Santo Antônio de Pádua. Depois:

Ó Senhor, fazei raiar sobre nós a Vossa Luz,
Ponde alegria em nossas vidas,
Ardor em nosso espírito,
Coragem em nosso coração.
Da força de nossas mãos,
Que brote o trigo,
Que corra o leite,
Que nossos celeiros estejam plenos
E nossos estômagos, satisfeitos,
Assim dormiremos rendendo-Vos graças sobre graças
E despertaremos inflamados de amor por Vossas bondades,
Pois nos destes segurança e felicidade em nossos lares.

Nós rogamos:

† Em nome do Pai Criador,
† Em nome de Cristo,
† Em nome do Espírito Santo,
† Em nome da Mãe de Deus,
Que assim seja!

Ver também: RUÍNA

RUÍNA/POBREZA

(Para evitá-las)

Santo Jó é o exemplo perfeito da fé recompensada nas piores provações: tendo Satanás apostado com Deus que Jó, fiel entre os fiéis, não resistiria aos infortúnios da vida, Deus autorizou que ele pusesse Jó à prova. Jó então viu morrer seus sete filhos; depois, suas três filhas e todo o seu gado. Em seguida, viu seu corpo coberto de uma pestilência tal que precisou se refugiar em um monturo, sem jamais perder a confiança em Deus, que tudo lhe restituiu.

Oração de abertura + exorcismo de Santo Antônio de Pádua. Depois:

Meu Senhor e meu Deus, não tenho a fé de Santo Jó; no entanto, espero em Vós, pois dizem que jamais testais Vossas criaturas para além do que elas podem suportar.

Recorro a Vós, meu doce Senhor. Não deixeis que a ruína e o infortúnio me arranquem a fé do coração; ajudai-me em nome de Nosso Senhor Jesus Cristo, que assim seja.

Recorro também a vós, glorioso Santo Jó, para que me coloqueis sob vossa proteção. Ó santo patriarca, tomarei por empréstimo vossas admiráveis palavras e direi convosco: "Ainda que Ele me mate, não deixarei de esperar Nele, porque sei que meu Redentor está vivo e que ressuscitarei na Terra ao Último Dia; e que, nessas dores sob as quais me esmaga, sem me poupar, me resta ao menos essa consolação, a de que em nada contradigo a conduta do Espírito Santo."

Nós Vos rogamos por Nosso Senhor Jesus Cristo, que assim seja.

Santíssimo Homem Jó, que evocamos com eficácia contra todo tipo de úlcera e sarna, contra a pobreza e os infortúnios, rogai sem cessar por nós, socorrei-nos e desses males curai-nos, se Deus quiser.

Nós rogamos:

† Em nome do Pai Criador,
† Em nome de Cristo,
† Em nome do Espírito Santo,
† Em nome da Mãe de Deus,
Que assim seja!

Ver também: CAUSAS URGENTES, CAUSAS DESESPERADAS, DINHEIRO, NECESSIDADES MATERIAIS

SUCESSO EM EMPREENDIMENTO

Ao contrário da mentalidade corrente, não há nenhuma vergonha em ter sucesso nos negócios, desde que isso não aconteça em detrimento de outros.

São Servásio foi bispo de Tongres, em Flandres: alertado por uma mensagem divina, ele recebeu a missão de proteger relíquias de santos contra os hunos, que estavam invadindo a Gália.

Oração de abertura + exorcismo de Santo Antônio de Pádua. Depois:

Deus Todo-poderoso e eterno, suplicamos-Vos humildemente que tenhais a condescendência de abençoar e proteger o(a) Vosso(Vossa) servo(a) *(dizer o nome da pessoa)*, para que ele(a) possa realizar com sucesso o negócio que está empreendendo: *dizer o nome do comércio ou negócio.*

Nós Vos suplicamos, pelos méritos de Vosso Filho, Nosso Senhor Jesus Cristo, que vive e reina Convosco na unidade do Espírito Santo, assim como era no princípio, agora e sempre, e por todos os séculos dos séculos. Amém.

Ó Deus, vinde em meu auxílio!
Senhor, socorrei-me sem demora!

† Glória ao Pai Criador,
† Glória ao Espírito Santo Consolador,
† Glória ao Filho Redentor,
† Glória à Mãe de Deus, a Rainha do Céu,
Que assim seja!

Senhor, tende piedade de nós.
Jesus Cristo, tende piedade de nós.
Senhor, tende piedade de nós.

Pai nosso, que estais nos Céus,
Santificado seja o Vosso nome.
Venha a nós o Vosso Reino.
Seja feita a Vossa vontade, assim na terra como no céu.
O pão nosso de cada dia nos dai hoje.
Perdoai as nossas ofensas, assim como nós perdoamos a quem nos tem ofendido.
E não nos deixeis cair em tentação, mas livrai-nos do mal.

Nós rogamos:

† Em nome do Pai Criador,
† Em nome de Cristo,
† Em nome do Espírito Santo,
† Em nome da Mãe de Deus,
Que assim seja!

Que a Bem-aventurada Virgem Maria, nossa doce Mãe do Céu e Mãe de todos os santos e santas, interceda por nós junto a Seu Filho Divino, Nosso Senhor.

Defendei-nos, Senhor, nós Vos suplicamos, de todos os perigos do corpo e da alma.

Que o socorro divino esteja sempre ao nosso lado.

Senhor, Vós me conheceis e ledes o meu coração e a minha alma como um livro aberto. Sabeis que a minha empresa (*dizer o nome dela, bem como da área de atividade*) é honesta e que o meu lucro me permite apenas alimentar a minha família. Fazei, por favor, Senhor, com que esta empresa se desenvolva ainda mais, sempre respeitando as Vossas Leis Divinas!

Abençoai o meu trabalho, Senhor, pois eu o exerço de todo o coração e com toda a minha alma, respeitando os outros. E Vós sabeis bem, Senhor, que sempre há um prato de comida para o pobre à minha mesa.

Abençoai-me, Senhor, e olhai com ternura o fruto do meu labor.

Eu rogo:

† Em nome do Pai Criador,
† Em nome de Cristo,
† Em nome do Espírito Santo,
† Em nome da Mãe de Deus,
Que assim seja!

Nós Vos suplicamos, Senhor, que pela intercessão do bem-aventurado São Servásio, Vosso pontífice, nos tornemos agradáveis à Vossa Majestade, para que possamos obter por suas preces o que não podemos com nossos méritos. Que ele se digne em especial a nos socorrer e nos aliviar de nossos sofrimentos.

Nós Vos rogamos, pelo Nosso Senhor Jesus Cristo: que assim seja.

Ver também: RUÍNA/POBREZA

TIRANIA/TIRANOS

Em toda a hierarquia de uma empresa, há tiranos e vítimas.

Senhor, Deus Todo-Poderoso, tende piedade de nós.
Senhor, Deus Todo-Poderoso, protegei-nos.
Senhor, Deus Todo-Poderoso, livrai-nos.
Senhor, Deus Todo-Poderoso, atendei-nos.
Nosso socorro está no nome do Senhor, que fez o Céu e a Terra.

Eu Vos imploro, Senhor, escutai minha prece.

Protegei-me contra um inimigo aterrorizante.

Protegei-me contra as ações do maligno e contra a multidão dos homens de iniquidade: suas línguas são afiadas como espadas e suas setas são envenenadas.

Agitam-se nas sombras contra os inocentes; lançam-se sobre eles subitamente e nenhum temor os detém; persistem em seus maus desígnios.

Fazem acordos para ocultar suas armadilhas e pensam: "Quem as verá?"

Preparam suas iniquidades e seus planos; o coração do homem é um abismo.

Mas Deus mostrará Sua glória!

As setas dos malignos se voltarão contra eles, assim como suas calúnias, o que provocará sua ruína.

Aqueles que os viram foram tomados de espanto: fizeram conhecidas as obras de Deus e permitiram ser compreendido o que Ele fez.

Todos aqueles que seguem o caminho reto serão glorificados, pois o justo espera em Deus e recebe sua proteção a cada instante.

Senhor, Deus Todo-Poderoso, tende piedade de nós.
Senhor, Deus Todo-Poderoso, protegei-nos.
Senhor, Deus Todo-Poderoso, livrai-nos.
Senhor, Deus Todo-Poderoso, atendei-nos.

Eu rogo:

† Em nome do Pai Criador,
† Em nome de Cristo,
† Em nome do Espírito Santo,
† Em nome da Mãe de Deus,
Que assim seja!

Ver também: ADVERSIDADE

SANTOS PADROEIROS

É muito eficaz colocar-se sob a proteção do santo padroeiro da profissão que exercemos ou que desejamos adotar; é possível, inclusive, recorrer a vários deles se assim o desejarmos.

Por vezes, há diversos santos e santas para a mesma profissão, de acordo com as diferentes tradições e regiões.

Eis uma oração geral que pode ser adaptada a todos os santos, com maior precisão de detalhes, se necessário:

Eu, (*falar o próprio nome*), apelo a ti, Santo(a)..., a ti que és o santo padroeiro e protetor de (*indicar a profissão*), que foi a profissão que escolhi, faça que eu possa exercê-la com sucesso e dignidade, que ela seja para mim e os meus uma fonte de prosperidade e felicidade, que ela nos proporcione a cada dia um teto confortável, um alimento abundante e todo o necessário à vida nestes tempos difíceis, para que rendamos graças após graças ao Nosso Senhor e Deus, para maior glória de Seu nome, se Deus quiser.

Nós rogamos:

† Em nome do Pai Criador,
† Em nome de Cristo,
† Em nome do Espírito Santo,
† Em nome da Mãe de Deus,
Que assim seja!

Açougueiros: São Nicolau. Nascido no século III, na Ásia Menor, tornou-se bispo e participou do Concílio de Niceia, onde proclamou a divindade de Jesus; deu grandes somas de ouro a três filhas que teriam sido oferecidas em prostituição pelo próprio pai, mas é conhecido sobretudo por ter ressuscitado três crianças esquartejadas e colocadas para salgar por um estalajadeiro.

Advogados. Ver: *Juristas.*

Agentes penitenciários/carcereiros: São Hipólito. É famoso sobretudo por ter sido soldado romano, um dos carcereiros de São Lourenço; este, diácono do Papa Sisto II, sob o cruel imperador romano Décio, distribuiu os bens da Igreja aos pobres quando o bom papa foi preso; furioso, Décio o aprisionou antes de o queimar cruelmente a fogo baixo, no século III. Santo Hipólito pagou muito caro pela compaixão e bons cuidados que dedicou a São Lourenço durante sua prisão e acabou sendo desmembrado por quatro cavalos selvagens.

Agricultores: Santo Isidoro, o lavrador. Ver: *Fazendeiros.*

Alpinistas/esquiadores/guias de montanhismo: São Bernardo de Menton. Vigário da diocese de Aosta, percorreu todos os altos vales alpinos para levar a Boa-nova; fundara a congregação de São Bernardo, ainda célebre pelos cães de resgate que levam o mesmo nome.

Animais domésticos: São Teodulfo. Até hoje famoso por ter cuidado tão bem dos homens quanto dos animais, o que, no século VI, não era algo comum.

Apicultores: *Santo Ambrósio.* Considerado um dos grandes Doutores da Igreja da Gália, ele conseguiu escapar aos cargos mais altos; encontrou os espólios de São Gervásio e São Protásio e converteu Santo Agostinho; quando pregava, as abelhas se reuniam em torno dele e, quando ele jejuava, lhe forneciam mel.

Armeiros: São Jorge. Por ter, segundo a lenda, salvado uma cidade de um dragão e garantido a vitória das cruzadas com a vestimenta dos templários: a cruz vermelha sobre a túnica branca.

Arquitetos: São Tomé. Trata-se do apóstolo que só acreditava naquilo que via. Depois da morte de Jesus, partiu para a Índia e, a fim de dar testemunho das maravilhas do cristianismo, construiu palácios e igrejas tão belos que todos os pagãos que os viram se converteram de imediato.

Artesãos: São José. Por ter com, o árduo trabalho de suas mãos, exercido o ofício de carpinteiro.

Artistas (em especial pintores e escultores): Fra Angélico. Ordenado prior de Fésulas, na Itália, pintou diversos retábulos e assim, diante de seu talento, lhe confiaram a decoração do Convento de São Marcos, em Florença, e de diversas capelas do Vaticano; foi o Papa João Paulo II quem o beatificou e fez dele o santo padroeiro dos artistas.

Atores/comediantes: São Genésio de Roma. Comediante em seu Estado, teve de interpretar o papel de um convertido ao cristianismo que era ridicularizado; tomou gosto pela ideia, declarou-se cristão e morreu decapitado.

Atrizes: Santa Pelágia. Ameaçada de estupro coletivo pelos soldados por ser cristã, armou uma farsa e, fingindo que precisava vestir-se melhor, subiu no teto de sua casa para tentar fugir, mas lançou-se ao vazio e morreu.

Aviadores/pilotos/tripulação: Elias, profeta do Antigo Testamento. Desafiou os sacerdotes de Baal e foi arrebatado por Deus em uma carruagem de fogo.

Nossa Senhora do Loreto. Conta a tradição que, quando a casa em Nazaré onde cresceu Maria e ela concebeu Jesus esteve em risco de ser destruída pelos sarracenos, os anjos pediram a um jovem príncipe bizantino que a transportasse para a Croácia junto à bela imagem da Virgem com o Menino que ali também estava; assim nasceu a comunidade das Irmãs do Loreto, à qual pertenceu Madre Teresa; inúmeras cidades e igrejas no mundo levam o nome de Loreto.

Banqueiros/analistas de finanças: São Mateus Apóstolo. Seu verdadeiro nome era Levi. Foi coletor de impostos para os invasores romanos e autor do primeiro Evangelho.

Bibliotecários/arqueólogos: São Jerônimo. Doutor da Igreja, viveu no século V. Ainda é famoso por sua tradução da Vulgata (versão da Bíblia em latim).

Bombeiros: Santa Bárbara. Por ter se recusado a desposar um pagão, ela sofreu inúmeros martírios e foi obrigada a caminhar totalmente nua pelas ruas; suplicou a Cristo que poupasse seu pudor e foi imediatamente envolta por uma grande luz, que a escondeu dos olhares. Furioso, seu próprio pai se encarregou de decapitá-la. Ela é a santa padroeira de tudo o que diz respeito ao fogo, aos raios e às explosões.

Cantores/músicos: Santa Cecília. Sabe-se pouco sobre ela: apenas que viveu nos primeiros séculos e abrigava os primeiros cristãos nos tempos das perseguições romanas.

Carpinteiros: São José.

Carteiros: São Gabriel. Trata-se do Arcanjo mensageiro.

Cirurgiões: São Cosme e São Damião. Eram gêmeos e viveram no século III. Grandes médicos, tratavam gratuitamente os pobres e morreram como mártires.

Comerciantes/negociantes: São Miguel Arcanjo. Não se sabe muito bem o motivo, mas deve ser porque protege de todo tipo de mal, dos ladrões, dos demônios etc.

São Nicolau. É famoso até hoje por ter salvado e ressuscitado três crianças degoladas e colocadas para salgar por um estalajadeiro inescrupuloso. Sobretudo ter convertido este último em homem honesto, São Nicolau é também o santo padroeiro dos comerciantes honestos.

Comediantes/atores. Ver: *Atores* e *Atrizes.*

Contadores: São Mateus. Seu verdadeiro nome era Levi. Foi coletor de impostos para os invasores romanos e autor do primeiro Evangelho.

Coveiros/empregados de funerárias: Santo Abdão e *São Senen.* Irmãos armênios, eram soldados do exército persa. Quando este decidiu libertar-se do jugo romano, o imperador Décio ordenou que nenhum soldado fosse enterrado. Os dois irmãos combatiam durante o dia e enterravam os mortos à noite. Entregues aos leões, estes se recusaram a devorá-los e foram abatidos; os dois irmãos foram decapitados e enterrados discretamente pelos cristãos.

Cozinheiros: ver *Hoteleiros.*

Criadores de gado: São Marcos Evangelista. Secretário de São Pedro, foi o autor do Evangelho que leva seu nome. Diz-se que evangelizou o Egito; perseguido por pagãos, foi por diversas ocasiões amarrado a um boi e arrastado, o que faz dele o santo padroeiro dos criadores de gado. Seu símbolo é esse animal.

Curadores: São Marculfo. Viveu no século VI e fundou o mosteiro de Nanteuil com a ajuda do rei Childeberto I. Famoso por curar a escrófula (inflamação dos gânglios do pescoço), transmitiu esse dom aos reis de França. Ele é também o responsável por curar doenças de pele.

Curas/profissões da fé. São João Maria Vianney, cura d'Ars. Nascido em 1786, perto de Lyon. Filho de camponeses pobres, tinha muita dificuldade com os textos e o latim; foi ordenado padre e mandado para Ars, onde fundou um orfanato e construiu uma sólida reputação como confessor; no entanto, julgando-se indigno, tentou diversas vezes fugir da paróquia, à qual era trazido de volta por suas ovelhas. Também é conhecido por ter sido perseguido pelo diabo. Em 1929, papa Pio XI o proclamou santo padroeiro dos sacerdotes de todo o mundo.

Dentistas: Santa Apolônia. Por ter preferido deixar que lhe quebrassem os maxilares e arrancassem todos os dentes a renegar o Cristo.

Desempregados: Santo Honório e *São Remígio.*

Domésticas/diaristas: Maria Francisca das Cinco Chagas. Nasceu em Nápoles, em 1715. Para escapar de um casamento forçado, tornou-se franciscana e foi doméstica de um padre franciscano por 38 anos, dedicando-se ainda a ajudar os pobres.

Donos ou gerentes de hotéis ou pousadas: Santa Marta. Era a anfitriã cuja casa estava sempre aberta a Jesus e seus Apóstolos e, certamente, a todos os pobres e mendigos.

Ecologistas: São Francisco de Assis. Nascido em 1181 em Assis, na Itália. Filho de uma família riquíssima, passou a juventude na devassidão; após retornar da guerra, onde foi feito prisioneiro, abandonou todos os seus bens e se dedicou aos pobres. Conversava com os animais, particularmente com o lobo de Gúbio. São Francisco o convenceu a aceitar um acordo com os aldeões, segundo o qual estes o alimentariam se ele parasse de atacar seus rebanhos e crianças. Fundou a ordem dos franciscanos (da qual Santo Antônio de Pádua fez parte) e das clarissas (com Santa Clara). Ajudou a Igreja distribuísse suas riquezas aos mais pobres.

Eletricistas: Santa Luzia. Sem dúvida, nos tempos de Santa Luzia, que viveu no século IV, não se conhecia a eletricidade, mas seu nome (*lux*, em latim) remete a iluminação; ela preferiu ter os olhos arrancados a se entregar a um pagão. Foi revestida de piche, porém o fogo a poupou. Morreu decapitada.

Embaixadores/diplomatas: Arcanjo Gabriel. Trata-se do mensageiro por excelência. É ele que traz as mensagens divinas: no Livro de Daniel (Antigo Testamento), anuncia a chegada do Messias; avisa a Zacarias sobre a chegada do precursor e, à Virgem Maria, de sua divina maternidade. Por esse motivo, ele é o santo padroeiro daqueles que deveriam carregar mensagens de paz.

Enfermeiros/profissionais da área médica: Santa Isabel da Hungria. Viveu no século XIII. Viúva aos vinte anos, se tornou franciscana e se dedicou a cuidar e reconfortar os doentes, em especial os leprosos.

São João de Deus. Viveu no século XVI e percorreu a Europa como mendigo. Tomado como prisioneiro junto a todos os miseráveis das ruas, teve pena deles e os tratou com compaixão e devoção.

Escritores/jornalistas: São Francisco de Sales. Viveu no século XVI e escreveu inúmeras "gazetas" destinadas aos calvinistas e huguenotes, bem como uma obra que ainda hoje é famosa: *Introdução à vida devota.*

Estagiários/aprendizes: São João Bosco. Revoltado com a angústia dos jovens sem família nem trabalho, ele fundou, no século XIX, congregações para rapazes e, em seguida, para moças, oferecendo-lhes casa, comida e o aprendizado de ofícios.

Estudantes: São Carlos Magno. Imperador francês, coroado em 800. Foi quem decretou a obrigatoriedade da escola e foi escolhido como santo padroeiro da Sorbonne.

São Nicolau. Por ter salvado e ressuscitado três estudantes degolados e postos para salgar por um estalajadeiro desonesto.

Farmacêuticos: São Cosme e São Damião. Ver: *Médicos.*

São João Leonardo. Filho de farmacêutico, também seguiu a profissão. Foi um grande teólogo do século XVI.

São Roque. Ver: *Médicos.*

Fazendeiros/trabalhadores da terra: Santo Isidoro, o Lavrador. Trabalhou numa fazenda-modelo no século XII; quando frequentava a missa, diariamente, os bois trabalhavam o campo sozinhos, conduzidos, diz-se, por anjos.

Ferreiros: Santo Elígio. Nascido em Limousin, viveu no século VII. Quando muito jovem, começou a trabalhar em uma ourivesaria de Limoges. Seu talento e sua honestidade lhe renderam o título de ourives do rei Clotário II e seu sucessor, Dagoberto I. Em seguida, foi ourives de Dagoberto II, Clóvis II e Clotário III. Santo Elígio aproveitou seu alto cargo para comprar a liberdade de prisioneiros, fez com que a escravidão fosse proibida e, depois, fundou a abadia de Solignac, em Limousin. Lutou contra o tráfico de cargos eclesiásticos. Além de ser o santo padroeiro dos ourives, é também o dos veterinários e dos ferreiros, uma vez que curou cavalos.

Floristas/fazendeiros: São Fiacro. Monge irlandês que viveu como eremita e curador na região de Meaux, onde cuidava das próprias necessidades alimentícias cultivando um pequeno jardim.

Santa Rosa de Lima. Foi a décima criança de uma família muito pobre em Lima, no Peru, durante o século XVII. Morreu aos 31 anos, admirada por todos em virtude de sua grande cultura, mesmo sem ter aprendido a ler. Sem dúvida, é graças ao seu nome que se tornou a santa padroeira dos floristas; é também santa padroeira da América do Sul, da América Central, da Índia e das Filipinas.

Geólogos: São Silvano. Viveu entre os séculos III e IV na Palestina, onde foi bispo de Gaza. O imperador Diocleciano o condenou a trabalhar numa mina onde todos os trabalhadores tinham um olho arrancado e um pé queimado para não poderem fugir. Morreu decapitado.

Guardas/policiais/agentes de segurança: Santa Genoveva. Nascida no ano de 420 em Nanterre, perto de Paris, adotou o hábito aos 15 anos, mortificando-se e comendo bem pouco. Advertidos sobre a chegada de Átila com os hunos (um flagelo de Deus), os parisienses quiseram fugir, mas Santa Genoveva organizou o assentamento e o estoque de alimentos, permitindo assim que os francos merovíngios salvassem Paris.

Historiadores/biógrafos: São Gregório de Tours. Nascido na Auvérnia, foi bispo de Tours entre 573 e 594. Perturbado pelas disputas às vezes homicidas entre os senhores e reis francos, escreveu a história da epopeia merovíngia, sem a qual não teríamos muito conhecimento a respeito daquela época.

Instrutores/professores: São Jerônimo. Doutor da Igreja no século V, traduziu as *Homílias de Orígenes* e a Bíblia conhecida como a *Vulgata.*

Intérpretes/tradutores: São Jerônimo. Doutor da Igreja no século V, traduziu as *Homílias de Orígenes* e a Bíblia conhecida como a *Vulgata.*

São Marcos Evangelista. Autor do Evangelho que leva seu nome, ele o escreveu (em grego simples) de acordo com o que ditava São Pedro.

Instrutores de alpinismo: ver *Alpinistas.*

Joalheiros/ourives: Santo Elígio. Santo Elígio nasceu perto de Limoges e tornou-se ourives do rei Clotário II e seu filho, Dagoberto I.

Jornalistas: ver *Escritores.*

Juristas: Santo Ivo. Nasceu em Kermatin, na Bretanha, em 1253. Tendo estudado direito, tornou-se advogado dos pobres, defendendo-os de graça.

Lenhadores: São Teobaldo de Provins. Viveu no século XI. Para concluir sua peregrinação a Roma com São Valter, trabalhou pelo caminho como lenhador e carvoeiro.

Livreiros: Santo Antônio Maria Claret. Viveu no século XIX e evangelizou a Catalunha. Estudou tipografia para poder imprimir livros e conseguir compartilhar o conhecimento com um maior número de pessoas.

São João Evangelista. Foi o único dentre os Apóstolos (juntamente com a Virgem Maria e Maria Madalena) a presenciar a crucifixão. Foi, ademais, a quem Jesus confiou sua mãe. Além de um Evangelho, escreveu também o Apocalipse.

Marinheiros e todos os trabalhadores do mar: Santo Elmo (conhecido também como *Santo Erasmo* ou *São Telmo*). Embarcado em plena tempestade, afastou a tormenta e os relâmpagos (chamados fogo-de-santelmo) fulguraram acima dos mastros, sem jamais causar danos.

Papa Clemente I. Terceiro sucessor de São Pedro, foi primeiramente exilado no deserto pelos imperadores romanos e, em seguida, lançado ao mar com uma âncora no pescoço. A água, porém, se retraiu e revelou uma capela de mármore.

Mecânicos: Santo Elígio. Porque foi ourives é, por extensão, o santo padroeiro de tudo o que diz respeito aos metais. Ver também: *Ferreiros.*

Médicos/cirurgiões: São Cosme e São Damião. Irmãos gêmeos, viveram no século III. Eram ambos médicos e cuidavam gratuitamente dos mais pobres e dos animais. Na maior parte do tempo, faziam-no sobretudo por meio de orações, e por isso foram decapitados. Ver também: *Enfermeiros/profissionais da área médica.*

São Roque. Nasceu em 1295 em Montpellier. Aos vinte anos, perdeu toda a sua família e suas riquezas e partiu para a Itália a fim de tratar os que sofriam da peste. Ao ser contaminado, refugiou-se floresta adentro, onde um cachorro de um castelo vizinho todos os dias roubava comida para alimentá-lo. Por fim, o dono da propriedade abrigou São Roque e cuidou dele; de volta a Montpellier, foi jogado na prisão. Encontrou-se um papel em sua cela que dizia: "Quem quer que me invoque contra qualquer tipo de peste será curado!" Diz-se que fundou a faculdade de medicina de Montpellier, que é a mais antiga da França e, sem dúvida, também de toda a Europa.

Meirinhos: ver *Juristas.*

Mendigos/sem-teto (eles também merecem um santo padroeiro para socorrê-los): *Santo Aleixo.* Nasceu em Roma, no século IV, em uma família muito rica. Seu pai o obrigou a se casar com uma mulher da família imperial, mas ele fugiu na noite de núpcias para tornar-se mendicante por 17 anos em Edessa, na Síria. Depois, retornou para sua cidade. Ninguém ali o reconheceu, mas lhe outorgaram um miserável reduto para dormir e lhe deram o que comer. Permaneceu na cidade por mais 17 anos e não deu a conhecer sua identidade até logo antes de sua morte.

Militares: ver *Soldados.*

Mineiros: Santa Bárbara. Por ter se recusado a desposar um pagão, ela sofreu inúmeros martírios e foi obrigada a caminhar totalmente nua pelas ruas; suplicou a Cristo que poupasse seu pudor e foi imediatamente envolta por uma grande luz, que a escondeu dos olhares. Furioso, seu próprio pai se encarregou de decapitá-la. Ela é a santa padroeira de tudo o que diz respeito ao fogo, aos raios e às explosões. Ver também: *Geólogos.*

Moleiros: ver *Padeiros.*

Motoristas de táxi ou de ônibus: São Fiacro. Viveu no século VII. Vindo da Irlanda, instalou-se perto de Meaux como eremita e curador. Foi por conta dele que Sauvage cogitou substituir as liteiras por coches puxados por cavalos.

Músicos: Santa Cecília. Ver: *Cantores.*

Oculistas/oftalmologistas: Santa Odília. Santa padroeira da Alsácia, nasceu cega e foi curada em seu batismo pelo bispo da Bavária. Fundou o mosteiro do Monte Santa Odília e curou diversos cegos.

Padeiros/confeiteiros: Santo Honório. Nascido no século VI em uma família nobre e pagã, Santo Honório é famoso por ter testemunhado em pessoa a aparição de Cristo enquanto celebrava a Missa; como não havia mais hóstias, Cristo as multiplicou dentro do cibório.

Parteiras: Santa Margarida. Nasceu no século III, em Antioquia. Cobiçada pelo dirigente pagão, foi lançada na prisão e, segundo a lenda, engolida viva por um dragão. Com um único sinal da cruz dentro do ventre da besta, esta a vomitou intacta, e por esse motivo ela é a santa padroeira das grávidas e dos partos, em particular dos partos difíceis.

Pedreiros/trabalhadores de obras: Santo Estevão. Foi um dos sete diáconos nomeados pelos apóstolos para difundir o cristianismo. Convocado pelo Sinédrio (assembleia dos sacerdotes), declarou que Deus não estava apenas dentro do Templo, mas por toda parte, o que lhe rendeu um apedrejamento. Ver também: *Arquitetos*.

Pescadores de água doce: Santo André. Irmão de São Pedro (Simão), estava entre os primeiros a serem chamados por

Jesus a segui-lo. Santo André foi crucificado em uma cruz em formato de X, que leva seu nome.

Pescadores de água salgada: Santo Elmo. Ver: *Marinheiros.*

Pirotécnicos: Santa Bárbara. Por ter se recusado a desposar um pagão, ela sofreu inúmeros martírios e foi obrigada a caminhar totalmente nua pelas ruas; suplicou a Cristo que poupasse seu pudor e foi imediatamente envolta por uma grande luz, que a escondeu dos olhares. Furioso, seu próprio pai se encarregou de decapitá-la.

Policiais: ver *Guardas.*

Prisioneiros: São Leonardo de Noblac. Afilhado de Clóvis, foi ordenado por São Remígio, bispo de Reims. Instalou-se em Limousin, perto da cidade que leva seu nome; livrou a rainha de Aquitânia de um parto difícil e logo passou a ser solicitado por mulheres grávidas que desejavam um parto fácil. Ele também ajuda os prisioneiros. As mulheres que desejam ter filhos costumam tocar o "ferrolho" da igreja de São Leonardo de Noblac.

Professores: São João Batista de La Salle. Nasceu em Reims, no século XVII. Foi um dos grandes fundadores das escolas privadas, onde educava meninos e meninas, franceses ou não, em latim. Ver também: *Instrutores.*

Queijeiros/leiteros: São Lúcio. Trata-se de um pastor da região de Milão, vivo no século XII. Tinha o hábito de distribuir grande parte dos queijos que fabricava; seu mestre julgou que ele os roubasse e o massacrou a socos.

Secretários: São João Cassiano. Nasceu em uma família rica de Belém, viajou bastante e, por fim, se instalou em uma gruta perto de Marselha (onde repousavam as relíquias de São Lázaro e de São Vítor); ordenou a construção da Igreja de São Pedro e São Paulo, bem como a de São João Batista. Teria sido notário público.

São Marcos Evangelista. Por ter transcrito fielmente as memórias de São Pedro sobre a vida de Jesus.

Sindicalistas: São Leonardo Murialdo. Nasceu em Turim, em 1828; fundou diversas escolas gratuitas para as crianças pobres e os abandonados.

Soldados: Santa Joana d'Arc.

São Maurício. Viveu no século III. À frente da Legião Tebana, com seus seis mil homens, foi enviado à Gália sob as ordens de Roma para conter a rebelião gaulesa, mas sobretudo cristã. Todos foram convertidos ao cristianismo e massacrados pelos romanos.

Tabaqueiros: São Cláudio. No século VI, foi o bispo de Saint-Oyend-de-Joux (que passará a se chamar São Cláudio); após sua morte, seu corpo permaneceu intacto e proporcionou diversos milagres, mas foi queimado pelos revolucionários em 1794.

Técnicos de informática/programadores: Santo Isidoro de Sevilha. É claro que a informática não existia no século VI, mas podemos considerar a função em vez do instrumento: o irmão de Isidoro, Leandro, também bispo de Sevilha, lhe permitia livre acesso à biblioteca, o que fez de Isidoro um grande erudito; ao tornar-se bispo, classificou cuidadosamente todas as obras, manteve-as ao abrigo dos invasores bárbaros e visigodos, divulgou o trabalho de Aristóteles e escreveu as *Etimologias*.

Trabalhadores manuais: São José.

Tradutores: ver *Intérpretes*.

Veterinários: Santo Elígio. Santo Elígio nasceu perto de Limoges e tornou-se ourives do rei Clotário II, de seu filho Dagoberto I e, em seguida, de Clóvis II e Clotário III. Fundou a abadia de Solignac, em Limousin. Lutou contra o tráfico de cargos eclesiásticos e tinha o dom de curar cavalos, que vinham até ele espontaneamente.

Viajantes: São Tiago Maior. Foi um dos Doze Apóstolos de Jesus e irmão de São João. Foi decapitado por ordem de Herodes e suas relíquias levadas a Santiago de Compostela, principal local de peregrinação da Espanha, o que faz com que ele seja o santo padroeiro dos peregrinos e viajantes.

Vinheiros/viticultores: São Vicente de Saragoça. Viveu na Espanha, no século IV. Dotado de um grande talento de orador, tornou-se diácono do bispo de Saragoça e pregava no lugar deste. O governador da província baniu o bispo e torturou São Vicente; após tê-lo desnudado, fez com quem nele despejassem vinagre, antes de ordenar que fosse afogado.

Direção geral
Antônio Araújo

Direção editorial
Daniele Cajueiro

Editor responsável
Hugo Langone

Produção editorial
Adriana Torres

Revisão
Daniel Borges do Nascimento

Capa
Maquinaria Studio

Projeto gráfico de miolo
Filigrana

Diagramação
DTPhoenix Editorial

Este livro foi impresso em 2016, para a Petra.
O papel do miolo é avena 80 g/m^2,
e o da capa é cartão 250g/m^2.